VAMOS À MISSA!

VAMOS À MISSA!

Pe. FERDINANDO MANCILIO, C.Ss.R.

VAMOS À MISSA!

Para aceitar e compreender esse convite

EDITORA
SANTUÁRIO

Copidesque: Elizabeth dos Santos Reis
Revisão: Ana Lúcia de Castro Leite
Diagramação: Alex Luis Siqueira Santos
Capa: Mauricio Pereira

Dados Internacionais de Catalogação na Publicação (CIP)
(Câmara Brasileira do Livro, SP, Brasil)

Mancilio, Ferdinando
  Vamos à missa / Ferdinando Mancilio. – Aparecida, SP: Editora Santuário, 2006.

  ISBN 85-369-0044-X

  1. Eucaristia 2. Fé 3. Missa – Celebração 4. Mistério pascal 5. Orações eucarísticas – Igreja Católica I. Título.

06-0528   CDD-264.02036 (21)

Índices para catálogo sistemático:

1. Missa: Igreja Católica 264.02036 (21)

Este livro foi composto com as famílias tipográficas Minion Pro
e impresso em papel Offset 63g/m² pela **Gráfica Santuário.**

8ª impressão

Todos os direitos reservados à **EDITORA SANTUÁRIO** – 2022

Rua Pe. Claro Monteiro, 342 – 12570-000 – Aparecida-SP
Tel.: 12 3104-2000 – Televendas: 0800 0 16 00 04
www.editorasantuario.com.br
vendas@editorasantuario.com.br

INTRODUÇÃO

Quando Jesus sentou-se com os discípulos, naquela Quinta-feira Santa, em torno de uma mesa, partindo o pão com eles: "*Isto é o meu corpo. Tomai todos e comei*", oferecendo-lhes o cálice com vinho: "*Isto é o meu Sangue. Sangue da nova e eterna aliança que será derramado por vós*", a história do mundo já não era a mesma. Ela começava a carregar em "seu seio" a história do amor de um Deus que se doou até o fim para a salvação de toda a humanidade.

Jesus é a plena realização de todas as promessas do Pai, promessas de amor que se deram em toda a história da salvação, culminando em seu Filho. A Eucaristia é dom eterno do amor do Pai, fonte de vida a todos os que dela se aproximarem. Podemos nos alimentar, e matar nossa fome de vida naquele que disse: "*Eu sou o Pão vivo descido do céu*". Não há por que morrer de sede, quando temos bem ao alcance de nossas mãos uma fonte que nos sacia.

A Eucaristia é o grande sacramento de nossa participação no mistério da Paixão, Morte e Ressurreição de Cristo. Nela recordamos sua fidelidade ao Pai e sua doação, doação da própria vida, por amor de nós e para nossa redenção. Também atualizamos toda essa verdade de nossa fé no hoje de nossa história pessoal, familiar, comunitária e de Igreja. Por isso, dizemos: *"Anunciamos, Senhor, a vossa morte, e proclamamos a vossa ressurreição"*. E terminamos dizendo: *"Vinde, Senhor Jesus"*, pois é para Ele que caminhamos, é na direção dele que estamos indo, até alcançarmos a vida junto dele.

Compreendemos assim que a Missa não é uma "oraçãozinha" que fazemos, mas é, sim, a oração por excelência de todo o povo de Deus. Por isso, o mínimo que se pode exigir de quem se afirma cristão é que participe da missa, pelo menos aos domingos, ou na liturgia dominical que começa a partir do ½ dia do sábado.

Trabalhando junto do povo, percebe-se o tamanho de sua fé e o desejo sincero de amar a Deus. Ele vai à missa porque os motivos que estão escondidos dentro dele são sua fé e seu amor para com Deus. Participa, entusiasma-se, mas às vezes sem compreender direito tudo o que está se passando diante de seus olhos.

Este pequeno livro quer ajudar a quem o ler a compreender melhor a missa e, ajudado pela graça de Deus, caminhar mais firmemente em sua fé. Ele traz uma linguagem que esperamos esteja bem à altura da compreensão de todos. Não traz as grandes argumentações teológicas, pois quer apenas apontar a direção para bem participar e aproveitar, em nível de fé, do mistério pascal de Cristo. Por isso, deixemos de lado as grandes argumentações, não que não sejam importantes, mas para esse momento talvez não sejam tão necessárias, diante do que se propõe este livro: "Ajudar o povo a participar com maior consciência do mistério pascal de Cristo". Os sentimentos do coração ajudam, mas temos de formar nossa consciência na fé. E quem vive sinceramente sua fé não a abandona jamais.

Que o Cristo, Sumo e eterno Sacerdote, ajude-nos a perceber e descobrir cada vez mais o grande mistério pascal que Ele nos deixou em sua memória.

Graças e louvores se deem a cada momento – ao Santíssimo e diviníssimo sacramento!

Santo Afonso, que sempre buscou inspiração para sua espiritualidade e missão no Santíssimo Sacramento, nos inspire também a amá-lo cada vez mais.

"Vamos à missa" é um convite que certamente você recebeu mais de uma vez em sua vida. E você tomou a decisão e foi. Chegando à igreja você viu muita gente, com certeza, e de repente apareceu lá alguém que fez uma saudação ao povo, rezou alguma oração e fez um comentário, falou da procissão de entrada, do cântico. Até parece que você ainda não compreendeu nada até aqui, e aí começou uma procissão com coroinhas, ministros da eucaristia, leitores e o padre. Fizeram uma reverência ao altar e cada um se colocou em algum lugar. O padre, por sua vez, também beijou o altar. Até aí, seus olhos acompanharam essa cena e você foi misturando tudo: curiosidade, cânticos, orações. Tudo parecia um espetáculo até nem muito comovente. Vamos pensar um pouco juntos, no sentido de tudo isso.

RITOS INICIAIS

CÂNTICO DE ENTRADA

A procissão de entrada inicia-se com um cântico que nos convoca a tomar consciência de que somos uma comunidade que vai estar junto do Senhor, vai celebrar a eucaristia com seu Senhor. O cântico que acompanha a procissão de entrada tem uma razão de ser. Ele abre a celebração. Fomenta a união dos que estão ali para celebrar. Faz-nos elevar os pensamentos e nos conduz ao centro de nossa celebração, a grande ação de graças ao Pai, por Jesus.

O cântico inicial ajuda-nos a penetrar efetivamente nos sentimentos do mistério pascal que vai ser celebrado. Aliás, é importante que se mantenha silêncio antes do início da celebração, pelo menos uns cinco minutos, para que nossos pensamentos já se concentrem um pouco mais no ato que vamos realizar. Às vezes o Presidente já está pronto para a entrada, e ainda existem tantos barulhos: afinação de instrumentos, ensaio de cânticos que, afinal, acabamos por não distinguir o que é a procissão de entrada e o que estava acontecendo antes. Você já viu isso por aí? É pena!

O comentarista ou animador precisa também ter a delicadeza de dizer só mesmo o que lhe é reservado e estritamente necessário. Fazer uns minutos de silêncio antes de iniciar a missa é muito importante.

Ah! **o cântico de entrada!** Ele deve levar-nos a rezar e a penetrar no mistério pascal que estamos iniciando. Por isso, deve sempre mostrar que Deus se faz presente agora na história de seu povo. Deve ser bem escolhido e não simplesmente cantar aquele que "eu gosto" mas aquele que fala precisamente sobre o povo de Deus reunido em nome de Cristo. O Ministério de Música precisa estar consciente desta sua missão: levar o povo a participar e tomar consciência do ato celebrativo que se inicia. O hinário da CNBB traz os cânticos próprios para cada momento da celebração, e deveríamos usá-lo com maior frequência em nossas celebrações.

PROCISSÃO DE ENTRADA

Ela tem um sentido profundo para nós. Esse momento às vezes fica meio despercebido, pois, ou não o compreendemos ou acabamos de chegar e ainda nem compenetramos naquele momento sublime.

Deus tomou a iniciativa do amor. E ela começou a se realizar desde aquele momento da criação, quando o Deus vai criando cada coisa: sol, lua, estrelas, mares, céus e terra... e criou-nos à sua imagem e semelhança.

Você já pensou que é imagem e semelhança de Deus? No ato da criação divina está o desejo, o sonho de Deus de entrar na história da humanidade, na história nossa vivida nesta terra.

Assim, a procissão de entrada da missa significa que Deus entrou na história da humanidade. Deus penetrou com seu amor e sua bondade nossa pequenez e nossa fragilidade. Ele quer continuar a obra iniciada na criação, fazendo-nos, de fato, sua imagem e semelhança. Vemos então que a procissão de entrada não é um momentinho qualquer da missa. É momento extremamente divino, nobre, rico, celeste, grande, infinito... é Deus quem penetra na história de seu povo. Mesmo que seja até rotineiro esse momento, não podemos de modo nenhum subestimá-lo, pois, em cada missa e em cada procissão de entrada, celebramos de novo essa presença de Deus em nossa história e a criação inteira se renova.

Tudo isso vai culminar em seu Filho Jesus Cristo, mas isso veremos adiante. Não é, portanto, a procissão de entrada algo tão comum e tão simples. É momento grande de nossa fé.

SAUDAÇÃO INICIAL
O sacerdote faz o sinal da cruz e diz uma das invocações iniciais, que são várias, mas o sentido é sempre o mesmo, como este: "*A graça de nosso Senhor Jesus Cristo,*

o amor do Pai e a comunhão do Espírito Santo estejam convosco". E nós respondemos: *"Bendito seja Deus, que nos reuniu no amor de Cristo!"*

Quanta grandeza acabamos de responder, quanta coisa sublime acabamos de dizer com os lábios, e seria tão bom se estivesse no coração. Resumimos em poucas palavras a imensidão da história da salvação: o Pai que por amor tudo nos fez, o amor do Pai que tudo criou e agora nos reúne!

É imensa a graça em poder estar reunido no amor de Cristo. A Comunidade reunida constitui-se já em sacramento da presença de Jesus ressuscitado.

A comunhão da Santíssima Trindade nos convida a fazer comunhão em torno do altar. E nós respondemos, conscientes disso ou não, que Ele é bendito porque nos reúne no amor de seu Filho Jesus Cristo!

Jesus é ápice, o ponto mais alto, expressão máxima do amor de Deus por nós. Não estamos reunidos por qualquer motivo ou por qualquer coisa: estamos reunidos por causa do amor de Deus! É ele quem nos provoca e nos convoca a estar ali e fazer comunhão com Ele e com os irmãos. Seria tão bom que pelo menos cinco minutos antes da missa se fizesse silêncio absoluto, para que penetrássemos o mais que pudéssemos nesse mistério tão vivo, tão presente e tão ao alcance de nossas mãos, e quiçá estivesse ao alcance de nosso coração.

Muitas vezes o barulho é muito grande antes de nossas celebrações: conversas, violões e outros instrumentos, movimentações ... que em nada facilitam a concentração e a sintonia imediata com o mistério que será celebrado. É bom educar-nos comunitariamente para isso.

GUARDEMOS NO CORAÇÃO:

Na procissão de entrada, Deus entra na história da humanidade com seu amor e sua fidelidade para com a humanidade, renova a criação iniciada e nos faz viver com intensidade o mais sublime ato de seu amor a nosso favor: fez-nos a sua imagem e semelhança. A procissão de entrada nos convida a penetrar o mistério sublime do amor-doação do Pai por nós, em seu Filho Jesus Cristo, no Espírito Santo.

Pensemos em quanto amor o Senhor nos tem para se dar a nós em seu Filho Jesus Cristo. Estamos reunidos não por um motivo qualquer, mas por causa de nossa fé e de nosso amor para com Deus e dele para conosco. As pessoas podem se reunir por vários motivos, mas numa celebração o motivo é um só: *Ele está no meio de nós*. Unidos somos sinal-sacramento de sua presença viva.

ATO PENITENCIAL

Imediatamente à saudação inicial, o sacerdote nos convida a pedir perdão dos pecados. É verdade, isso é necessário, pois sem a misericórdia divina não podemos viver nem celebrar, de modo menos indigno possível, esse grande mistério.

Esse momento nos prepara para que estejamos imensamente abertos à celebração da Eucaristia. O pecado nos fecha, nos mata e nos "seca" por dentro e por fora. Só a misericórdia pode nos reabilitar, nos abrir de novo à imensidão do amor de Deus.

Também carrega o sentido da comunidade reunida suplicar a misericórdia de Deus por toda a humanidade, por todos os que estão sofrendo no mundo.

Nele não estamos fazendo simplesmente um exame de consciência ou celebrando um rito comunitário da penitência. Nele lembramos as muitas misericórdias que Deus fez com seu povo em toda a trajetória da história da salvação.

O Ato Penitencial perdoa nossas pequenas faltas, e por isso o sacerdote, em nome de Cristo e da Igreja, nos diz: "*Deus todo-poderoso tenha compaixão de nós, perdoe nossos pecados e nos conduza à vida eterna*"; mas não é substituição do Sacramento da Penitência ou da Confissão.

Digamos outra vez: é celebração das muitas misericórdias de Deus para conosco. Deus fez uma Aliança de amor com Abraão, com Moisés, com Isaac, com Jacó. Os profetas chamaram a atenção sobre o rompimento dessa aliança, a infidelidade do povo, pedindo-lhe que retomasse o caminho proposto por Deus. Nem sempre o povo escutou, e por isso muitas vezes não se deu bem. O cume, o ponto mais alto dessa misericórdia do Pai, acontece em Jesus, Aliança eterna de seu amor.

Para confirmar isto, vejamos quantas vezes Jesus chamou pecadores para estarem com Ele: Mateus, Zaqueu, a mulher que foi apanhada em adultério, só para lembrar alguns exemplos. Ainda, a multidão faminta, os doentes, os pobres que sempre se acercavam dele na esperança de encontrar a vida. Misericórdia é isto: gera a vida e a faz acontecer junto de nós.

A infidelidade gera unicamente a morte e impede que a vida aconteça em todos os que desejam viver. Por isso, o pecado não vale a pena, não nos deixa viver nem nos aproximarmos dos outros e de nós mesmos.

Parece até que Deus fecha seus olhos para nossos pecados e só vê a cada um de nós, filho ou filha dele. Isso mesmo: Deus não aprova o pecado, mas acolhe o pecador.

É muito importante pensarmos no Ato Penitencial como a celebração, a lembrança das muitas misericórdias de Deus para conosco. Isto já deve nos fazer abrir o coração sinceramente à verdade que estamos celebrando.

Todos nós precisamos de seu benefício: eu, você, a Igreja, os que detêm liderança e poder na sociedade, o pai, a mãe, os filhos... todos somos sempre necessitados da misericórdia de Deus. Certo é que Ele jamais se esquece ou nos abandona. O Ato Penitencial nos faz abraçar a vida, a presença, a bondade e o coração de Deus tão perto de nós.

Ah! o **cântico penitencial!** Também não pode ser qualquer um. Ele precisa mostrar a misericórdia de Deus para com seu povo, e nos preparar para fazer comunhão com a Palavra e a Eucaristia. A decisão sobre a escolha do cântico nesse momento deve estar carregada da verdade que celebramos e não de nosso gosto pessoal.

Lembremos que não é necessário toda vez cantar o cântico penitencial. É bom rezá-lo também, e isto faz parte da liturgia. A Igreja tem as fórmulas do Ato Penitencial na missa, e ainda permite que seja também elaborado aquele que esteja bem próximo à realidade do povo. Os dois são ricos em sentido e em valor para nós. Ambos querem mostrar-nos que o Pai é rico em misericórdia, em perdão para conosco. É litúrgico e necessário, significativo e importante que todos rezem cantando.

> **GUARDEMOS NO CORAÇÃO:**
> Deus é misericórdia infinita e por isso Ele nos manifestou suas muitas misericórdias na história da salvação. O Ato Penitencial nos faz perceber e reconhecer essa presença misericordiosa de Deus em nossa vida, e nos faz abrir o coração a seu amor. Nele, Ele nos acolhe de novo e novamente nos oferece a vida que vem dele. Esse momento perdoa nossos pecados, digamos, pequenos, mas não nos isenta do sacramento da confissão. O Ato Penitencial é como a limpeza da casa: quando a visita chega, sente-se bem. Só que nele – o Ato Penitencial – quem limpa a casa de nosso coração, de nossa existência, é o próprio Deus com sua infinita misericórdia.

HINO DE LOUVOR

Depois do Ato Penitencial, a própria Liturgia da Missa nos convida a cantar ou rezar o Hino de Louvor, o Glória. Nele louvamos especialmente ao Pai e ao Filho, expressando nossa alegria em sermos filhos de Deus, mas principalmente a Segunda Pessoa, Jesus Cristo. Cantamos ou rezamos o que significa Jesus para nós.

No hino do Glória a "personagem" central é a pessoa de Jesus. Por que isso? Porque toda a história da salvação se realiza plenamente em Jesus. Por isso, nada mais justo do que aclamar exatamente a Ele, que armou sua tenda no meio de nós. Depois, é por Ele que vamos ao Pai, Ele é o mediador de todo o tempo, de toda a história, de toda a salvação. Sem Ele nada somos nem podemos coisa alguma.

Escutamos facilmente o comentarista ou animador da celebração dizer mais ou menos assim: *"Porque fomos perdoados, vamos entoar com alegria o cântico de louvor"*.

Claro que devemos cantar louvores ao Deus que nos perdoa, mas não é exatamente este o sentido que tem o Hino do Louvor na missa.

Ele existe para que possamos cantar, louvar, bendizer o Deus que tomou a iniciativa de amor, que tudo fez por puro amor, e principalmente nos deu seu Filho único, Jesus.

Se o rezamos na missa, é porque a missa é o próprio Cristo que se oferece a nós novamente, que renova sua paixão, morte e ressurreição em cada Eucaristia.

O povo de Deus, reconhecendo essa infinita maravilha de Deus por nós, é convidado a bendizê-lo, a louvá-lo, a aclamá-lo como Senhor do céu e da terra. Por isso que iniciamos dizendo: *"Glória a Deus nas alturas"*, mostrando-nos que, estando nas alturas, abaixou-se até a nossa altura, em seu Filho Jesus. Damos "graças por sua imensa glória", que é "fazer-se pequeno", entrando em nossa humanidade.

O sentido do Hino de Louvor é continuidade das muitas misericórdias de Deus, e o cantamos porque sabemos que Ele merece, de fato, nosso louvor. Esse hino é muito antigo e muito venerado pela Igreja, que por meio dele glorifica o Pai e principalmente o Cordeiro imolado, nossa Páscoa, redentor nosso. Sem Ele não saberíamos louvar autenticamente ao Pai.

Ainda um lembrete para nós: nos dias de semana, salvo seja alguma solenidade ou a Comunidade tenha uma motivação que se justifica, não se canta nem se reza o Hino de Louvor, pois é reservado para maior solenidade nas celebrações dos domingos.

GUARDEMOS NO CORAÇÃO:

O Hino de Louvor, o Glória, como normalmente o chamamos, é muito antigo e muito venerado pela Igreja, porque nele louvamos o Pai e seu Filho, Cordeiro que tira o pecado do mundo e nos salva. Nele, louvamos o Filho Redentor que veio morar no meio de nós, que tirou nossos pecados, que está à direita do Pai, e imploramos sua misericórdia porque é o Santo de Deus. A Comunidade reunida para celebrar o memorial pascal do Senhor, o reconhece verdadeiramente como Redentor e o bendiz no Hino de Louvor. Da terra devem brotar milhões e milhões de louvores ao Pai e a seu Filho Jesus.

ORAÇÕES

Terminado o Hino de Louvor, o sacerdote convida à oração – a chamada Oração da Coleta, porque reúne a prece da Igreja, de todo o povo de Deus – e faz um instante de silêncio para que todos rezem no coração.

Aqui sempre aparece algo que não está bem de acordo com a liturgia: a apresentação das intenções da missa. Essa não é a melhor nem a hora mais conveniente. Elas devem ser apresentadas no início da missa ou, no máximo, no momento das preces. Quem tem a incumbência de orientar a celebração da missa deve estar muito atento a isso.

O padre, que no altar representa a pessoa de Cristo e está ali em nome de toda a Igreja, reza então em nome dela e de cada um de nós.

Em cada oração é dada a motivação de fé da celebração, onde tomamos consciência de nossa responsabilidade cristã por meio da oração. Assim seguem as outras orações presidenciais, isto é, reservadas ao sacerdote que preside a Eucaristia, a saber: *a da Coleta, a do Ofertório e a Oração depois da Comunhão*. O povo confirma tudo o que o Presidente reza, dizendo: *Amém*!, que significa: isto é verdade, eu creio, que assim seja feito, que assim aconteça.

Essas orações já foram feitas pela Igreja, e por isso trata-se de compreendermos o sentido daquilo que estamos rezando. As invenções nesse sentido nem sempre são as melhores, por maior boa intenção que haja. Todas as orações se dirigem ao Pai pelo Filho, e jamais aos santos. Observe que as orações próprias dos santos são concluídas dirigindo-se ao Pai por meio de seu Filho.

Essas Orações se encerram com conclusão longa, a saber:

– Quando se dirige ao Pai: *"Por nosso Senhor Jesus Cristo, vosso Filho, na unidade do Espírito Santo"*. Ou quando se dirige ao Filho: *"Vós, que sois Deus com o Pai, na unidade do Espírito Santo"*.

Podem também ter conclusões breves, como normalmente ocorre nas orações do Ofertório e da Comunhão:

– Quando dirigidas ao Pai: *"Por Cristo, nosso Senhor"*. Ou quando dirigidas ao Pai mas também mencionam o Filho: *"Que vive e reina para sempre"*. Ou ainda somente dirigidas ao Filho: *"Vós, que viveis e reinais para sempre"*.

Em todas elas rezamos fazendo referência ao Filho, pois é por meio dele que chegamos ao Pai. Ele é nosso Deus e Senhor, Salvador e Redentor de nossa pobre e frágil humanidade. Por isso nunca poderão faltar, em nenhuma oração da missa, a referência e a presença de Cristo.

GUARDEMOS NO CORAÇÃO:

Em cada oração da missa – Coleta, Ofertório, Comunhão – estamos rezando com toda a Igreja. O sacerdote, elevando seus braços, profere a oração em nome da Igreja e de cada um de nós que ali participa cheio de fé. Terminada, respondemos Amém, pois é o mesmo que dizer: Sim, acreditamos em tudo isso e queremos que se realize o que acabamos de rezar! Invocamos em comunhão esta graça que o Pai, por sua bondade, poderá nos conceder. Vale, pois, acompanhar atentamente cada momento e fazer-se parte integrante dessa verdade de nossa fé. Estejamos todos atentos e bem abertos a essa grandeza de nossa fé, celebrada, vivida em cada Eucaristia.

LITURGIA DA PALAVRA

Esse é o momento do anúncio da Palavra de Deus. Agora é hora de escutar o que Deus vai nos falar. Ele é tão bom que por amor quer comunicar-se conosco. Só quem ama se comunica. Quem não ama não sabe se comunicar, pois o amor é comunicação.

De repente, estamos na missa e ficamos meio dispersos, o pensamento fica voando para tantos lugares, menos aonde deveria estar: ouvindo o que Deus nos fala!

Quem vai proclamar, anunciar a Palavra de Deus, deve fazer bem feito. Ler antes, procurar entender, meditar um pouco. Se não sabemos o que estamos lendo, o que vamos proclamar, comunicar? É triste ouvir algumas leituras em que nem a gente e nem a pessoa que leu sabe o que foi proclamado. É uma pena.

O Ministério do Leitor é coisa séria dentro da Comunidade. Não se pode dizer: "Ah! você nunca leu, então faz a leitura para nós!" A proclamação da Palavra de Deus não pode funcionar assim.

É preciso organizar e bem esse Ministério. Na leitura eu vou dizer o que Deus está dizendo, e não o que eu quero dizer. O padre dirigirá à Comunidade sua palavra (ou a quem for de direito), que deve sempre partir da Palavra proclamada e relacioná-la com a vida. A Palavra deve sempre iluminar a vida e nos fazer tomar consciência de nossa missão de cristãos.

"Quando Deus fala o homem cala!" Tem muita gente levando a sério isso, e aí há um crescimento enorme de todo o povo de Deus. A Palavra de Deus traz milhares de anos de história, a história da salvação, que começa no Antigo Testamento, passa pelo Novo Testamento e continua a ser proclamada hoje essa mesma história da salvação.

Deus continua a nos falar por meio da Igreja, por meio das pessoas que se abrem à verdade do Reino. Pensemos um pouco sobre como eu e minha comunidade acolhemos a Palavra de Deus.

O **ANÚNCIO DA PALAVRA** é a primeira grande parte da missa. Ainda vamos ver isso, mas a Eucaristia tem duas grandes partes, que resumimos assim: Mesa da Palavra e Mesa da Eucaristia; Pão da Palavra e Pão da Vida, o que são oficialmente chamadas de **Liturgia da Palavra** e **Liturgia Eucarística**.

As primeiras comunidades cristãs nos primeiros séculos da Igreja se reuniam, e logo de início os presentes se saudavam com muita alegria. Era um encontro de alegria porque se encontravam entre si e com Deus. Logo após isto punham-se a escutar o que Deus lhes falava por meio de sua Palavra. Depois de ouvida, os Apóstolos ajudavam a Comunidade fazendo sua pregação, o que se tornou também Palavra de Deus. É só ler os Atos dos Apóstolos, as Cartas de São Paulo que estão no Novo Testamento, e entenderemos isso com facilidade.

Não é nessa mesma força de fé que nos reunimos hoje? Por isso, tanto o anúncio como a escuta e a meditação dessa Palavra são importantes. Quem anuncia, quem escuta e quem prega precisam saber o que estão fazendo. O Espírito Santo age em nós, mas jamais dispensa o necessário e importante esforço humano. A força de seu amor ilumina a inteligência para que ela saiba bem conduzir sua palavra à Comunidade. Deus sempre age em comunhão conosco.

Compreendamos agora o como essa Palavra é anunciada. Aos domingos temos normalmente três leituras: uma do Antigo Testamento, uma do Novo Testamento e o Evangelho. Durante os dias de semana temos apenas uma leitura, que pode ser tanto do Antigo como do Novo Testamento. Vejamos:

PRIMEIRA LEITURA

É tirada do Antigo Testamento, onde se encontra o "passado" da História da Salvação. Deus nos lembra que Ele cumpriu tudo o que havia sido dito sobre Ele, principalmente nos profetas. A leitura do Antigo Testamento, já determinada pela Igreja qual é, mostra-nos que estamos pisando em chão firme e que tudo foi muito bem preparado por Deus para depois nos enviar seu Filho amado, e nosso Redentor. Essa leitura vem nos orientar sobre a importância de compreender a fala de Deus na vida dos homens, no Deus que faz a história divina no meio da história humana.

SALMO RESPONSORIAL

De imediato um alerta: a gente escuta principalmente comentaristas dizendo: "Agora vamos meditar a Palavra que ouvimos!" Não está errado, mas também não está certo. O Salmo Responsorial não é meditação, é Palavra de Deus também e é nossa resposta a tudo o que acabamos de ouvir. Está vendo como é importante que a leitura seja bem feita? Senão vou responder a que, se nem ouvi o que foi dito? Aliás, seria boa a pastoral que cuidasse do som de nossas igrejas. Às vezes o som da música está lá em cima, enquanto quase não se ouve o que o padre e/ou leitores falam! Voltemos para nosso assunto. O salmo responsorial é, portanto, a resposta da assembleia à Palavra que foi ouvida. Pode ser lido ou cantado, embora foi feito para ser cantado, mas para ser bem cantado, de um jeito que ajude os fiéis a rezar. Não se pode ficar inventando na hora alguma melodia que é mais barulho do que outra coisa. Bom, é isso, só para a gente perceber a importância do Salmo Responsorial.

SEGUNDA LEITURA

Ela é sempre tirada do Novo Testamento, das Cartas dos Apóstolos, dos Atos dos Apóstolos etc. Ela nos mostra um **depois**, ou seja, a experiência das Comunidades cristãs depois da ressurreição de Cristo. Dirigem-se a nós hoje que também vivendo em Comunidade, depois da ressurreição de Cristo, devemos compreender nossa vida e nossa ação, avaliar para ver se estamos no caminho certo, comparar as experiências de ontem e de hoje. É sempre importante perguntarmos: "O que está me dizendo essa leitura?" Nossa tendência é ler e tirar algumas conclusões, mas para os outros, primeiro. É justamente o contrário que deve acontecer: primeiro para mim mesmo, depois, se for o caso, para os outros. Para os outros é um encargo do pregador! A segunda leitura, em síntese, mostra-nos a grande riqueza da experiência pós-pascal que viveram as primeiras comunidades cristãs.

ACLAMAÇÃO AO EVANGELHO

Após as duas leituras vem o cântico ou a leitura da proclamação ao evangelho. É um momento de louvor, de bendição, de aplauso, de saudação àquele que é a Palavra viva: Cristo. Normalmente, deve ter o Aleluia, e uma palavra ou frase do evangelho. Se é cântico deve ser curto e conforme a índole do momento. Não se vai, é claro, cantar um cântico a Nossa Senhora neste momento. Pode ser o mais bonito, mas está fora de lugar. A "lógica" é estar de acordo com o momento em que estou celebrando.

O cântico deve conter o Aleluia ou uma frase do evangelho. É cântico curto também. Nós o aclamamos porque é a Palavra mais importante, realização de todas as promessas do Antigo Testamento, pois ele anunciava a esperança da vinda do Messias. As outras leituras do Novo Testamento mostram a atualização da salvação em nossa vida hoje. O evangelho é Revelação plena, a Nova Aliança de Deus com seu povo. É o Emanuel, o Deus-conosco. Aqui vale um importante lembrete: Em nossas celebrações o evangelho deve ser destacado como o momento maior da Liturgia da Palavra. Por isso, cabe muito bem a entronização do evangeliário depois das leituras, mais do que a própria Bíblia.

PROCLAMAÇÃO DO EVANGELHO

Momento sublime este. É Cristo mesmo quem vai nos falar. Por isso, colocamo-nos em pé, gesto de prontidão e de acolhida, de respeito e de gratidão ao Pai que nos deu o que lhe era mais precioso: seu Filho amado! Sabemos que o evangelho é o centro de toda a Bíblia. É sua plena realização. Aliança eterna de Deus para com seu povo. O Evangelho é a Palavra de toda a Palavra! É o Caminho, a Verdade e a Vida. É Boa-Nova, boa-notícia, pois em todos os tempos como no nosso também encontramos nele uma resposta para nossas perguntas e incertezas. Você já percebeu que o Evangelho só responde? Ele não faz perguntas, somente responde aos homens e mulheres de todos os tempos e do nosso também. É luz a iluminar nossas escuridões.

Durante o ano – no decorrer de três anos – escutamos os quatro evangelistas: Mateus, Marcos, Lucas e João. Cada um deles tem seu jeito de falar sobre a salvação. Às vezes, um diz um fato ou uma palavra que o outro não fez referência. Mas todos eles trazem a mesma verdade: a Palavra da salvação, a Palavra de Deus. Os evangelhos são a grande catequese de todo o povo de Deus, como o foi nas primeiras comunidades cristãs. Por isso que devemos estar muito atentos e nos preparar do melhor modo possível para escutar Aquele que vai nos falar. Temos boa fé, bons sentimentos, mas às vezes colocamos tudo num mesmo nível. Com o evangelho é diferente: ele é a Palavra de toda a Bíblia, é a Palavra da Salvação.

GUARDEMOS NO CORAÇÃO:

Deus é quem nos fala por meio de sua Palavra, tanto no Antigo como no Novo Testamento, mas quem nos revela em plenitude a pessoa de Jesus são os evangelhos. Por meio dela, de sua Palavra, Deus nos faz compreender seu jeito de amar. Por isso, por iniciativa de seu amor quis comunicar-se conosco por meio de homens e mulheres que fizeram e escreveram a história de nossa salvação.

Quando chegou a hora certa, Ele realizou seu eterno plano de amor, dando-nos seu Filho amado, Cristo, que nasceu da Virgem Maria que foi concebida pelo Espírito Santo. Nossas Comunidades hoje são profetas de nosso tempo, quando se reúnem na fé, para ouvir, acolher, meditar e se dispor a viver a Palavra.

A Comunidade cristã, que é Igreja, continua a história da salvação. Por isso é que devemos todos nós cristãos estar muito atentos e ser acolhedores da Palavra, para que compreendendo o ontem saibamos discernir os sinais dos tempos hoje, e assim continuar a história começada por Deus: história de seu amor e de sua aliança conosco.

HOMILIA ou PREGAÇÃO

Na homilia há a catequese interpretativa da Palavra ouvida. Fundamentado nela, aquele que está responsável por esse momento deve exortar os fiéis sobre seu fundamento e o que ela implica em nossa vivência diária.

O sacerdote, que tem por dever sacerdotal exortar por meio da Palavra a comunidade reunida, deve atualizar o que foi dito antes de Jesus e depois dele, catequizando a pessoa humana hoje. Diz-nos o que Deus quer nos falar hoje. É continuidade da história da salvação. A pregação tem a mesma função mas de forma bem mais "forte", que deve levar-nos à conversão. Tanto a homilia como a pregação devem levar-nos à adesão a Cristo e a seu evangelho, mas a homilia é mais catequética e a pregação mais exortativa.

O pregador deve ater-se à Palavra proclamada, pois ela nos revela Deus e é a boa notícia para a comunidade, para que não corra o risco de ficar em bons conselhos ou tecendo reprimendas morais, que não estejam situados na Palavra proclamada.

Na homilia e na pregação, aprendemos a entender a Palavra de Deus, que ela nos liberta e nos torna apóstolos novos, nos dá a grande lição do amor de Deus por nós e nos faz compreender nossos relacionamentos humanos na sociedade, na família, no trabalho... Ainda mais, tanto a homilia como a pregação devem levar-nos a compreender os sinais dos tempos em nossa história hoje.

Não é o tamanho da homilia ou da pregação que resolve, pois posso dizer muito sem dizer nada, ou dizer pouco dizendo muito. Os pregadores devem treinar e fazer as coisas com objetividade: o jogador de futebol tem de treinar, o advogado precisar aprender a apresentar seus argumentos, e os pregadores precisam dizer as coisas com início, meio e fim. E isso vale tanto para o clero como para os leigos responsáveis pelo anúncio em suas comunidades.

Tudo precisa ser dito de um modo que ajude, de fato, nosso povo a acolher e viver o que ouviu e meditou. Creio que já foi possível você entender um pouco mais sobre isto e que está dentro da Liturgia da Palavra.

GUARDEMOS NO CORAÇÃO:

Ouvimos o que nos disse a Palavra de Deus e o que passou para nós o pregador da celebração. Mas tudo isso ainda não é suficiente, pois, todos nós, precisamos contar com a graça de Deus, com a presença de seu Espírito Santo, para guardamos no coração com muita fé tudo o que vimos e ouvimos.

É verdade que a graça supõe também nossa natureza humana, ou seja, devemos fazer o esforço necessário para guardar e viver o que celebramos. Assim, dia após dia, damos nossos passos em direção à santidade e à perfeição. Deus fez sua parte, continua fazendo, e a nossa não pode faltar. Aprendendo de sua Palavra, aprendemos e aprendemos também dos gestos, palavras e atitudes dos irmãos e irmãs que sinceramente se esforçam para estar sempre muito perto de Deus e de nós.

PROFISSÃO DE FÉ

O Creio é expressão essencial de nossa fé, onde nos identificamos como católicos e nos sentimos uma Igreja unida. Se nós o rejeitamos deixamos de ser católicos. Por isso, prestemos bem atenção no que estamos rezando.

Terminada a homilia ou a pregação, a assembleia faz a Profissão de Fé, que é a oração do Creio. Depois de ouvirmos e meditarmos a Palavra de Deus – a Profissão de Fé está ainda dentro da Liturgia da Palavra – dizemos em Comunidade que nós acreditamos em Deus Pai, Filho e Espírito Santo. Professamos nossa união na Santíssima Trindade e nossa comunhão com toda a Igreja. Dizemos que acreditamos em sua Palavra.

A fé brota do ouvir e do acolher a Palavra do Senhor. A pessoa central na Profissão de Fé é Jesus Cristo, porque Ele é a realização plena da Aliança e das promessas do Pai a seu povo. Rezamos toda a sua trajetória no mundo, de seu nascimento a sua ressurreição, até a vinda do Espírito Santo. Veja como é belo ser Povo de Deus – o que deveria ser sempre escrito com letras maiúsculas – pois Deus sempre olhou e se fez presente nele com sua infinita ternura e amor.

O centro da fé cristã é a ressurreição de Cristo. Por isso: ... "ressuscitou ao terceiro dia. Creio na ressurreição dos mortos, na vida eterna. Amém!" Em dias da semana, só rezamos a Oração do Creio quando é festa ou solenidade, do contrário é reservada para os dias de domingo, em que celebramos com maior júbilo a Eucaristia.

A Oração do Creio não é, portanto, uma oração devocional. É verdadeiramente a manifestação pública de nossa "crença" na história da salvação. Podemos rezar sozinhos, mas na missa estamos em comunidade, e por isso, manifestamos nossa fé juntamente com os outros, formando um só corpo, uma só fé, um só coração, uma só alma. Não é bonito isso?

A verdade é que às vezes arrumamos algumas desculpas amarelas para justificar nossa falta de fé: "Se tivésseis fé do tamanho de um grão de mostarda...".

É preciso pensar nisso com seriedade e abertura de alma. Professemos nossa fé na missa e a levemos dentro de nós para nossa casa, nosso trabalho, nosso lazer, para nossa vida inteira.

GUARDEMOS NO CORAÇÃO:

Escutamos atentamente o que o Senhor nos comunicou. Porque nem sempre temos oportunidade de refletir sozinhos, o pregador nos ajudou a compreender a Palavra com sua palavra. E porque nós acreditamos e aceitamos o que foi ouvido, reafirmamos que acreditamos, fazendo a Profissão de Fé.

É preciso repeti-la, pelo menos uma vez por semana, aos domingos principalmente, para que sejamos sempre lembrados dessa importância que é acreditar.

Nossa fé professada deve estender-se para todos os aspectos de nossa vida, pois acreditar no bem, na paz, na justiça, no irmão é consequência da fé que professamos na hora da missa. Então ela é – a Profissão de Fé – um todo, algo inteiro que atinge a vida inteira, e não apenas uma "sucessão de palavras na hora da missa".

Ela é luz a nos iluminar sempre e em todas as circunstâncias da vida.

PRECES DOS FIÉIS

A Comunidade que ouviu e meditou a Palavra divina agora reza para que ela se atualize nas muitas situações concretas de nossa vida e de nossa história de povo de Deus e do mundo. Esse momento oracional às vezes é chamado também de Oração dos Fiéis, Oração da Comunidade, Preces da Comunidade... O importante é que, de um jeito ou de outro, as preces querem mostrar a mesma verdade: A Comunidade transforma a Palavra em oração. Por isso, é bonito dizer: "A Palavra de Deus torna-se nossa prece em comum".

Isso é muito rico de sentido, pois o que é rezado fica gravado no coração, melhor ainda se estamos rezando juntos. Lembro-lhe que ainda estamos na Liturgia da Palavra. Veja como é bonita a missa, e como ela vai se desenvolvendo. Unidos num só pensamento, unidos com a alma e com o coração elevamos ao Senhor Deus e Pai nossos pedidos.

Os pedidos apresentados devem trazer o que estamos de fato celebrando, o que nos falou a Palavra de Deus. Não é só para apresentar sentimentos individuais. É para rezar a vida que nos cerca, as situações vividas na sociedade, na família, na Igreja e no que estiver nos falando a Palavra de Deus.

Devem também trazer a situação real daquela comunidade celebrante. Os folhetos litúrgicos deixam um espaço para que isso aconteça. Mas, às vezes, não se reza outras intenções próprias da vida da comunidade, ou porque as pessoas não sabem que podem fazer, ou porque não receberam orientação para tal, ou porque pegam o folheto ali, na hora da missa e pronto. Eis, pois, uma função da Equipe de Liturgia que deve estar atenta a isso, e não se preocupar apenas com enfeites ou em que lugar o vaso ficará melhor.

Há certamente algo mais importante do que a preocupação, às vezes exagerada, com aspectos externos da celebração. Por que tudo isso? Porque o que foi anunciado é algo concreto, real, presente, bem dentro de nossa vida. As partes da missa não são coisas isoladas. É um todo. Algo inteiro, completo. Por isso, as Preces dos Fiéis devem trazer o que estamos celebrando naquele momento e o que está acontecendo em nossa comunidade ou no mundo. Também não exagere, querendo colocar um número sem fim de preces. Deus fez o mundo em seis dias e não em um só.

O ideal seria que cada comunidade, nessa hora, fizesse espontaneamente suas preces. Nem sempre isso é possível por uma série de razões. Mas sempre que for possível é bom que se faça assim, pois aí o povo expressa seu modo de rezar. As que foram elaboradas antes são justamente para que atinjam o que a liturgia pede para esta hora, mas isto não deve impedir a participação da comunidade, quando for possível. Aqui é preciso um pouco de prudência, pois podem acontecer, por limitações pessoais, coisas que não favoreçam o momento oracional.

Bom, a cada prece deve haver uma resposta da qual todo o povo participa. Ela deve ajudar a rezar e em comunidade pedir ao Pai do céu que nos escute. Quando não há uma resposta, alguém com base pode elaborar uma para o povo responder, sem se esquecer que deve ser curta e objetiva. Não se esqueça de que esse é um momento bonito e importante dentro da missa.

GUARDEMOS NO CORAÇÃO:

A Comunidade que reza unida tem mais força, pois nos unimos como pessoas amadas por Deus, e de nosso coração brota a prece que é verdadeiro clamor do Povo de Deus: "Eu ouvi o clamor do meu povo oprimido", diz Deus a Moisés e o envia para libertá-lo das garras do faraó.

Nas preces dos fiéis, manifestamos a Deus nossas necessidades, as de nossa família, as da comunidade, da sociedade, da Igreja e do mundo. Pois bem sabemos que o Pai nos "cerca" com seu amor, cuida de nós com asas de águia, nos protege e nos escuta porque nos ama com um amor sem fim.

Nessa hora é a Palavra de Deus que se torna nossa oração e nossa vida, onde Deus escuta nosso clamor, como escutou o de seu povo oprimido no Egito e o libertou. Devemos sim, manifestar nossa oração com nossas palavras e com nosso desejo sincero de nos unir mais e ser mais irmão ou irmã dos outros. Amém!

LITURGIA EUCARÍSTICA

A Liturgia Eucarística é a segunda grande parte da missa. Nela fazemos o memorial da Páscoa de Cristo: sua paixão, sua morte e sua ressurreição. Ao recordamos o Deus que por nós deu a vida, atualizamos, tornamos presente hoje a mesma redenção realizada aquele dia por Cristo. Também olhamos para o futuro, quando todas as coisas forem coroadas por Cristo, no fim da história: "Vinde, Senhor Jesus!". Vejamos de agora em diante cada passo da Liturgia Eucarística.

Dadas a importância e a riqueza de sentido da Liturgia Eucarística, vamos pensar mesmo que rapidamente o sentido e significado de cada momento em seu desenvolvimento.

PREPARAÇÃO DAS OFERENDAS

No altar, o sacerdote prepara o pão e o vinho para serem ofertados ao Pai, que serão, depois da consagração, o Corpo e o Sangue de Cristo. Conforme as circunstâncias ou o costume da comunidade faz-se a procissão das ofertas.

Esse é um gesto bonito, pois, o caminhar no meio da comunidade nos traz o sentido como o de recolher a oferta de cada pessoa presente, seus dons, para que sejam oferecidos com o pão e o vinho. Não podemos nos esquecer que as principais ofertas são o Pão e o Vinho.

Tudo a mais que fizermos nesse momento deve ser sinal de nossa gratidão para com Deus, mas em nada substitui a oferta simbólica do pão e do vinho. Outrora a família trazia de casa o pão e o vinho e os oferecia a Deus. Hoje, permanece esse sentido quando se faz a procissão das ofertas. Também se faz a oferta material, normalmente em dinheiro ou outros donativos que os fiéis oferecem para o socorro dos pobres ou para o sustento da igreja e da comunidade.

Terminada a preparação das oferendas, o sacerdote convida os fiéis para rezarem com ele. É aquela oração: "*Orai, irmãos e irmãs, para que o nosso sacrifício seja aceito por Deus Pai todo-poderoso*", como também a Oração sobre as Oferendas, pois toda a Comunidade presente participa desse modo tão bonito e significativo.

ORAÇÃO EUCARÍSTICA

Ao iniciar a Oração Eucarística nós rezamos com toda a fé, dizendo que o Senhor está no meio de nós (*O Senhor esteja convosco – Ele está no meio de nós!*), elevamos nosso coração para o alto e o colocamos em Deus (*Corações ao alto – O nosso coração está em Deus*), e damos graças ao Pai (*Demos graças ao Senhor nosso Deus – É nosso dever e nossa salvação*).

O grande sentido é este: a assembleia se une em oração com Jesus e proclama suas maravilhas no meio de nós por meio do sacrifício eucarístico.

Podemos agora olhar os elementos principais da Oração Eucarística para entendermos e enriquecermos nossa fé.

a) Ação de Graças: é o Prefácio, a oração que se reza até o momento da aclamação do Santo, Santo, Santo. O prefácio é essencialmente ação de graças. Procure acompanhar atentamente quando você estiver participando da missa e perceberá com clareza o que rezamos.

Ele nos mostra o motivo principal da ação de graças que estamos realizando.

O sacerdote, em sua função ministerial, glorifica a Deus e lhe rende graças em nome da Igreja e de toda a assembleia. Reza-se principalmente a obra da salvação, às vezes tomando um aspecto conforme a solenidade ou a festa que se está celebrando. Mas jamais foge do sentido de ação de graças.

b) A aclamação: é o momento em que rezamos ou cantamos o "Santo, Santo, Santo, Senhor Deus do universo..." Todo o povo juntamente com o sacerdote cantam felizes, e assim juntamente com toda a Igreja, pela bondade de Deus, Ele que é Santo e veio até nós por meio de seu Filho Jesus Cristo.

É verdadeiramente a Igreja peregrina no mundo se unindo com a Igreja celeste, cantando jubilosas pelo Deus que não se cansa de nos amar.

O cântico dessa hora deve expressar que Deus é santo e que veio a nós por seu Filho Jesus, e por isso todo o seu povo canta hosanas.

É bom a Comunidade também rezar esse momento, senão pode até se esquecer de como se reza. Eis novamente o papel importante dos Ministérios de Cânticos e de Liturgia.

c) A epiclese: a palavra pode parecer difícil, mas significa: *invocação do Espírito Santo.* Este momento da epiclese é aquele em que o sacerdote (ou os sacerdotes no caso de haver mais de um na celebração) estende a mão sobre as oferendas e pede que o Pai envie o Espírito Santo para santificar aquelas oferendas sobre o altar.

Santificar e transformar os dons oferecidos por nós, o pão e o vinho, no Corpo e Sangue de Cristo. Observe que o sacerdote traça a cruz sobre as oferendas. O grande sentido presente é para que o pão do altar, hóstia imaculada, torne-se a salvação daqueles que a recebem com fé e estão sem pecado grave.

Grande e significativo é esse momento, e podemos dizer que é sempre o novo Pentecostes acontecendo diante de nós. Pentecostes é aquele dia em que Cristo cumprindo sua promessa enviou sobre os discípulos e Nossa Senhora, reunidos no cenáculo, a terceira pessoa da Santíssima Trindade, o Espírito Santo.

A Igreja peregrina pode alimentar-se do pão e do vinho transformados no Corpo e Sangue de Cristo pelo Espírito Santo, como naquele Pentecostes, que plenificou o coração dos Apóstolos e os encheu de coragem para a missão. Comungando do pão do altar devemos ser comunhão também no mundo.

d) Narrativa da instituição e consagração: é esse momento que torna atual, presente o que foi realizado uma vez por todas pelo Cristo. Atualiza a última Ceia de Jesus com os discípulos, como sinal-sacramento de seu mistério pascal: sua morte e ressurreição. Ali – naquela Quinta-feira Santa – Jesus também pediu que seu gesto fosse repetido sempre, perpetuando assim esse grande mistério de amor presente no meio de nós: *"Tomai, todos, e comei: isto é o meu corpo, que será entregue por vós! Tomai, todos, e bebei: este é o cálice do meu sangue, o sangue da nova e eterna aliança, que será derramado por vós e por todos, para remissão dos pecados. Fazei isto em memória de mim!"*

Há no mundo grandeza maior de amor do que essa? O próprio Deus nos dá sua vida, faz dela uma eterna oblação de amor para nossa salvação. Portanto, a narrativa que o sacerdote faz na consagração relembra e atualiza a mesma consagração da vida do Cristo naquele em que Ele instituiu a Eucaristia, como Sumo e Eterno Sacerdote: *"Isto é o meu corpo! Isto é o meu sangue!"*

e) A anamnese: outra palavra não comum para nós, mas que significa: *memorial ou lembrança viva.* Compreendamos, pois, seu sentido e significado. Terminada a consagração do pão e do vinho, recordam-se a paixão, morte, ressurreição e ascensão de Jesus.

Os apóstolos logo após a ressurreição se empenharam em cumprir as palavras de Cristo para celebrar sua memória. E a Igreja continua esse mandato de Jesus. Esse momento é aquele em que o sacerdote, terminada a consagração, nos diz: *"Eis o mistério da fé!"* E nós respondemos: *"Salvador do mundo, salvai-nos, vós que nos libertastes pela cruz e ressurreição".*

Há outras fórmulas mas que trazem o mesmo sentido: *"Anunciamos, Senhor, a vossa morte e proclamamos a vossa ressurreição. Vinde, Senhor Jesus!"* ou *"Todas as vezes que comemos deste pão e bebemos deste cálice, anunciamos, Senhor, a vossa morte, enquanto esperamos a vossa vinda!"* .

f) A oblação: aqui se dá o verdadeiro ofertório: *"nós vos oferecemos, ó Pai, o pão da vida e o cálice da salvação"*, reza o sacerdote logo após a anamnese.

É a comunidade reunida que oferece ao Pai o próprio Cristo que Ele nos deu por amor e para nossa salvação.

Oferecemos ao Pai, pelo Espírito Santo, essa hóstia santa e imaculada que é Jesus. Nesse momento, juntamente com o Cristo nos tornamos uma oferta ao Pai, verdadeiras hóstias vivas, pois o cristão é continuidade do próprio Cristo. A missão do cristão é gerar a vida de união, de comunhão com Cristo e com os irmãos no mundo.

g) As intercessões: nelas rezamos pela Igreja (Papa, bispo da diocese, ministros do povo), para que cresçamos na caridade, na esperança e na paz. Também são lembrados nossos entes queridos que já partiram desta vida: os falecidos. E por fim pedimos por nós, Igreja peregrina.

O grande sentido de ser Igreja é a vida de comunhão com todos, e esse momento dentro da missa quer exatamente nos lembrar que precisamos uns dos outros e precisamos viver em permanente comunhão. E é para esse "destino" que nos leva a celebração da Eucaristia.

h) A doxologia final: essa palavra significa *glorificação*. Esse é o momento do grande louvor ao Pai por meio de Jesus. É o momento do grande Amém que deveria ser rezado com toda a força da alma.

Permita-me dizer que, às vezes, o amém é dito de uma forma tão frágil... Nesse momento queremos dizer que tudo irá culminar no Cristo, Senhor da história e do mundo. Ele irá coroar toda a história vivida neste mundo, e aí todos os homens e mulheres saberão que Ele é verdadeiramente o Senhor, e que Deus não veio brincar conosco, mas nos leva a sério.

O amém deve ser rezado ou cantado mas com toda a garra, com toda a força, com toda a fé e de todo o coração. É a conclusão de tudo o que rezamos antes: o grande mistério pascal de Cristo. Ao Pai todo o nosso louvor e gratidão: *"Por Cristo, com Cristo, e em Cristo, a vós, ó Pai, na unidade do Espírito Santo, toda honra e toda glória, agora e para sempre. Amém!"*

Poucas palavras, mas com as quais dizemos tudo o que devemos dizer como gratidão e louvor ao Pai, que nos revelou seu infinito amor em seu Filho Jesus. Não é, portanto, ofertório. Às vezes, tenho ouvido mais ou menos assim: *"Vamos agora realizar o grande ofertório..."*

Esse momento é de louvor, gratidão, reconhecimento do amor do Pai em Jesus, que realizará toda a redenção do universo.

i) As aclamações comunitárias: durante toda a prece eucarística, existem as aclamações que o povo pode e deve responder sempre. Podem ser recitadas ou cantadas. Como existem várias orações eucarísticas, não é fácil sabermos todas as aclamações ou respostas de cor. Com a ajuda do comentarista, e esse é um papel importante, o povo responde a essas aclamações com muita fé. Elas foram feitas para o povo responder, e se isso é tirado do povo, na verdade comete-se uma falha litúrgica. Em cada situação real de cada comunidade, deve-se descobrir o melhor jeito de realizar isso, mas jamais suplantar as respostas, pois são de grande significado para a participação do povo na prece eucarística.

GUARDEMOS NO CORAÇÃO:

Este é um momento sublime e nobre, pois reconhecemos o quanto Deus nos ama e o quanto fez por nós. Tomamos dos melhores frutos da terra, o pão e o vinho, e os oferecemos ao Pai por meio de Jesus.

Deus fez conosco uma eterna aliança de amor, por seu Filho Jesus Cristo. Só um Deus que nos ama assim pode nos dar aquilo que lhe é mais precioso: seu Filho único!

Ele viveu entre nós, e sendo o Senhor do mundo e da história, não tinha onde reclinar sua cabeça. A Prece Eucarística nos mostra seu amor e sua salvação atingindo a humanidade de todos os tempos, e em todas as situações históricas, porque Ele se revela hoje a todos nós.

Quando rezamos a missa não estamos fazendo uma oração devocional, mas sim estamos rezando a história da salvação presente na vida do mundo. Nela reconhecemos o sacrifício pascal do Cristo, que por nós se doou anunciando o Reino, perdoando-nos, ensinando-nos o caminho do céu, e doando sua vida no alto da cruz. Como podemos ser amados assim por um Deus?

Só um ingrato coração não percebe ou até rejeita tamanho amor por nós. Por isso, o grande Amém que rezamos deve ser vibrante, caloroso, explosão da alma que ama de verdade.

RITOS DA COMUNHÃO

Terminada a prece eucarística iniciam-se os Ritos da Comunhão. Eles contêm: Oração do Pai-Nosso, Oração pela Paz, Fração do Pão, Cordeiro de Deus, a mistura do pão e do vinho e a Comunhão. A comunhão que iremos receber – elemento central do sacramento – é, portanto, preparada com orações e gestos que nos falam, gestos simbólicos.

O PAI-NOSSO
Desde o início do cristianismo a oração do Pai-Nosso era rezada preferencialmente pelos cristãos, tanto na vida diária como na eucaristia. Ao convite do Presidente toda a assembleia o reza. Ele aproxima-se muito da prece eucarística, principalmente quando dizemos: "*Santificado seja vosso nome!*", como também o "*Pão nosso de cada dia nos dai hoje!*". É oração familiar, de toda a família reunida, o povo de Deus.

A PAZ
Na Oração pela Paz, imploramos a paz e a unidade

para toda a Igreja, para a família humana, para todos os povos.

O gesto da paz é antiquíssimo entre os cristãos. Antes de nos dirigirmos à mesa da comunhão pedimos a paz e porque queremos também ser pessoas de paz.

Por isso, serve até mesmo como momento de reconciliação, se tivermos alguma queixa contra algum irmão ou irmã. Em seguida, há o desejo de paz por parte do presidente à comunidade reunida e um convite para que esse mesmo gesto seja partilhado entre todos.

A FRAÇÃO DO PÃO

O pai de uma família judaica realizava esse gesto na ceia pascal dos judeus. Gesto bonito e significativo que foi transferido para a ceia pascal cristã. Não foi no gesto de partir o pão aos discípulos de Emaús que eles reconheceram Jesus? Pois bem, assim também a Comunidade hoje reconhece Jesus no partir o pão. Partilharam do mesmo pão.

Partimos o pão para reparti-lo. O presidente reza: *"Esta união do Corpo e Sangue de Cristo nos sirva para a vida eterna"*. Somos muitos, mas vivemos a comunhão num só pão, pão da caridade e da vida.

Esse gesto passa muitas vezes despercebido por todos nós. Deveria ser feito também com grande destaque, mas às vezes fazemos as coisas tão apressadamente...

CORDEIRO DE DEUS

Ele se dá imediatamente à fração do pão, e é acompanhado pelo cântico ou pela oração: *"Cordeiro de Deus, que tirais o pecado do mundo..."*.

Invocamos o Cristo Servo, que se doa plenamente a nós. Soa verdadeiramente como um hino de louvor, de glória, ao Cordeiro imaculado, que assumiu nossas culpas, nossos pecados para nos resgatar da morte e nos fazer viver de novo. Ele nos chama à comunhão com Ele.

COMUNHÃO

É um momento sublime esse, que se inicia com uma oração silenciosa que o sacerdote faz, antes de apresentar o sagrado pão, expressando seu ato penitencial e de humildade: *"Senhor Jesus Cristo, vosso Corpo e vosso Sangue que vou receber não se tornem causa de juízo e condenação, mas por vossa bondade sejam sustento e remédio para minha vida"*.

Depois disso, apresenta o Pão sagrado, e a assembleia, também num ato de humildade e de reconhecimento da divindade, diz como o centurião: *"Senhor, eu não sou digno(a) de que entreis em minha morada, mas dizei uma só palavra e minha alma será salva"*.

Somos todos convidados para a festa pascal, para o banquete do amor. Só quem não deseja fica à parte, se põe como excluído. O sacramento do perdão nos devolve a oportunidade de participar da festa da vida com todos.

Ao recebermos a comunhão, diz o Sacerdote ou o Ministro da distribuição da comunhão: "*O Corpo de Cristo*", ao que respondemos: "*Amém*". Ele é dito a Jesus e à Comunidade: ali manifestamos nosso amor e nossa fraternidade. Por isso, se não estou em comunhão com os irmãos, também não entro em comunhão com Jesus.

Esse Amém deve ser dito de todo o coração porque mostra minha fé, minha adesão e minha aceitação daquele que fez comunhão comigo e conosco. É o mesmo que dizer: "*Eu creio, eu tenho fé, sim eu quero ser comunhão na vida com os irmãos*". Há uma enorme riqueza de sentido comunitário e de fraternidade.

CÂNTICO DA COMUNHÃO

Ah! O **cântico da Comunhão**. É importante lembrar seu sentido e seu significado nesse momento. Digo, logo de começo, que o cântico deve ser conhecido o máximo possível de todos os presentes. É uma oração em forma de cântico que manifesta gratidão, louvor, súplica. Não é momento de exortação, de catequese ou semelhantes. É hora de comunhão também com o cântico.

Não é hora de ficar apenas um solista, ou dois ou três apenas cantando. É hora da união de vozes, união espiritual daqueles que comungam, alegria que brota do coração, juntamente com aqueles que caminham para receber a Sagrada Eucaristia.

Somos povo peregrino ao encontro do Cristo que se dá a nós, para nossa redenção. Por isso, não é certo ficar inventando cânticos ou modos de cantar que não expressam o sentido desse momento litúrgico. Esse momento nos educa a vencer nossos individualismos.

MOMENTO DE LOUVOR OU DE CONTEMPLAÇÃO

Terminada a comunhão, se for conveniente, é importante que se faça um momento de oração silenciosa, mesmo que seja por alguns momentos apenas.

Pode-se rezar em silêncio ou um cântico, ou uma oração que seja de louvor. É um momento breve de interiorização. Não é hora de se fazer outro sermão ou homilia, nem pelo padre nem pelo comentarista ou animador.

Esse momento não é apropriado chamá-lo de ação de graças, pois, na verdade, toda a Eucaristia o é. Esse é o momento em que se contempla tudo o que foi celebrado, realizado bem diante de nossos olhos. Há certo costume de chamar esse momento de ação de graças, mas não é mesmo conveniente. É viável chamá-lo de momento de louvor ou de contemplação.

ORAÇÃO DEPOIS DA COMUNHÃO

Essa oração pede ao Pai que tudo o que foi celebrado se realize, que venham os frutos esperados e desejados desse mistério celebrado, pois ainda continuamos necessitados da graça e da misericórdia divinas.

O Presidente, nessa oração, roga para que todos sejam beneficiados pelos bens divinos. Continuamos a pedir com fé e com esperança. Necessitamos que o Pai nos sustente com seus frutos de amor, de bondade e de misericórdia. Sem Ele nada somos e nada podemos fazer!

GUARDEMOS NO CORAÇÃO:

Tudo deve expressar minha comunhão de vida com Cristo e com os irmãos e irmãs. Não é algo separado, difuso, individual.

É vida que se entrelaça, é responsabilidade de amor de um para com o outro e com o próprio Cristo, que não se cansa de se dar a nós, em comunhão. Aliás, a história da salvação inteira é uma história da iniciativa do Deus-Amor que buscou fazer comunhão conosco.

Certa adolescente disse-me: "*Padre, quero me confessar porque quero comungar, e não receber apenas farinha e água*". Com suas palavras estava dizendo que desejava mesmo fazer comunhão com Ele.

Seja nossa vida cristã sinal claro, transparente da comunhão que Cristo faz conosco.

RITOS FINAIS

A missa ou a celebração eucarística termina com a saudação do presidente da celebração à assembleia, a bênção e a despedida.

A Saudação: O Presidente dirige-se ao povo dizendo: "*O Senhor esteja convosco*", e em seguida invoca a bênção de Deus sobre ele.

A Bênção: O Missal Romano conserva muitas orações que o Presidente pode rezar com as mãos estendidas sobre o povo, convidando-o a acolher a bênção: "*Inclinai-vos para a bênção*".
São orações que invocam a perseverança daquilo que acabamos de celebrar, e para que Deus nos conserve em sua graça e em seu amor. Em dias festivos ou tempos litúrgicos fortes, há bênçãos com formulários mais desenvolvidos, que normalmente são chamadas de bênçãos solenes. O Presidente da celebração também a reza com a mão estendida sobre o povo.

A Despedida: Embora tenha suas variáveis, normalmente o Presidente diz: "*Vamos em paz e o Senhor vos acompanhe*". Nos tempos do latim dizia-se: "*Ite, missa est*".

Aqui dissolve-se a assembleia para que cada um volte para seus afazeres com honestidade, com empenho, motivados pela fé vivida e celebrada, e ainda mais: de fato, sejam missionários com a vida, com a palavra, com a ação. Prolonguem agora tudo o que foi celebrado que é a comunhão com Deus e com os irmãos, em Jesus Cristo.

Saída do Presidente: Em seguida à bênção, o Presidente beija o altar e retira-se com seus ministros e encerra-se a celebração. Interessante notar aqui que se canta o cântico final, que faz bem e ajuda, mas o Missal não faz nenhuma referência sobre ele. Então, o melhor é o Presidente ou a coordenação da celebração decidir-se pela sua conveniência ou não. Mas é bom cantar, e não há nenhum mal ou algo errado nisso.

GUARDEMOS NO CORAÇÃO:

Participamos de um momento sublime de nossa fé, a Eucaristia, e com todo o amor que Deus nos mostrou no decorrer da celebração ainda nos fortalece com sua bênção.

Só um Deus que ama deseja incessantemente que seu amor esteja presente bem dentro de nós.

Cabe-nos agora uma grande responsabilidade: ser sinal desse amor onde estivermos: no trabalho, na família, no lazer, nas conversas...

Podemos realizar tudo de modo muito humano, mas com a dignidade que é própria de quem é maduro na fé e na convivência com as outras pessoas. É muito estranho, por exemplo, acabar de sair da missa e, já na porta da igreja, falar mal de alguém ou fazer comentários inconvenientes. Sinal de que ainda não estamos celebrando conforme devemos.

Nossa fragilidade não foge de nós, mas podemos corrigi-la, se estamos atentos a nossos próprios comportamentos. Podemos não entender tudo o que celebramos, pois é imensamente profundo o mistério realizado, mas se estamos atentos certamente melhoraremos a cada celebração.

Portanto, a continuidade desse mistério de fé depende de cada um de nós e de nossa atenção para com ele.

EQUIPES:
CÂNTICOS – LITURGIA – ORNAMENTAÇÃO

Equipe de Cânticos = também chamada de Ministério de Música, tem por função cuidar dos cânticos da missa e de motivar o povo a cantar. Importante é não permanecer só as pessoas desse ministério cantando e o povo calado. Missa é participação também nos cânticos, por isso é importante a escolha dos cânticos e o ensaio com o povo.

Equipe de Liturgia = encarregada de coordenar toda a movimentação da liturgia, tomar as providências que se fazem necessárias na celebração. Tudo o que fizer deve ajudar o povo a celebrar, e nunca apenas para as coisas funcionarem bem e bonito. É fundamental que as pessoas que participam sintam-se acolhidas. Chamar a atenção das pessoas durante a celebração é estragar o essencial na liturgia. Isso mesmo, o que deve ser salvo é o essencial daquilo que se está celebrando.

Equipe de Ornamentação = cuida da parte de ornamentação da igreja, sempre acompanhando o Tempo Litúrgico e seu significado. Cada enfeite dentro da igreja deve ser sóbrio e nobre, sem exageros, para que não tome o lugar do mistério a ser celebrado.

Ministério de Leitores = é muito importante dentro de uma paróquia ou comunidade. Não se faz sorteio de quem vai proclamar a Palavra de Deus. É preciso proclamá-la, pronunciar direito as palavras, proclamá-las com amor e dedicação. Por isso, as pessoas devem ser preparadas para exercer esse ministério.

Ministros da Eucaristia = é o ministério da distribuição da Sagrada Comunhão em nossas celebrações. Normalmente também levam a Sagrada Comunhão para os doentes e idosos que não podem participar lá na Comunidade. Também deve ser exercido com dignidade, e as pessoas devem ser preparadas para realizá-lo.

Existem muitas outras Equipes que devem ser chamadas de Ministérios, e que não colocamos aqui. Mas o sentido que descrevemos abaixo referente a essas três equipes vale também para todos os outros Ministérios ou Equipes.

Para cada Equipe e para todas as Equipes envolvidas na Liturgia devem haver plena harmonia e consciência da celebração a ser realizada. Trabalhando cada uma por si, já é um contratestemunho, pois a Eucaristia é sacramento de unidade; e aí acontecem enganos, falhas, e a celebração não transcorre como um corpo unido e celebrante. A grande responsabilidade das equipes é levar a Comunidade a celebrar o grande mistério pascal, e por isso deve haver sintonia e concordância entre todas. O grande perigo é ocorrer competição entre as equipes, e isso além de ser um grande defeito é um verdadeiro desastre para todos. Tudo o que é feito dentro de uma celebração é para levar em primeiro lugar o povo a rezar, depois tomar consciência das implicâncias na vida, como consequência da missão que recebemos no batismo.

Uma verdade deve ficar clara para todos, para que aconteça realmente a celebração: unidade e harmonia entre as equipes. Nada de competição ou busca de poder ou semelhantes. É fundamental e importante toda e qualquer equipe dentro da comunidade, mas tudo deve transcorrer com concórdia, humildade, aceitação, vontade de tornar transparente o Reino. O sacerdote não poderá sozinho levar adiante tantas coisas, e deve participar, sugerir, orientar tudo o que está sendo feito com amor e dedicação. As pessoas sempre fazem as coisas de Deus com muito carinho, o que falta às vezes é um pouco de orientação.

Muitas coisas poderiam ser ditas, mas o que deve motivar fundamentalmente cada equipe é esse desejo de unidade e de harmonia. Assim sendo, com muita dedicação e boa vontade, tudo dará certo.

SIGNIFICADO DE GESTOS, SÍMBOLOS E OBJETOS LITÚRGICOS NA CELEBRAÇÃO EUCARÍSTICA

1. GESTOS

Em pé: Sinal de prontidão e de disposição. Querer ouvir com todo o respeito. Na missa, ficamos em pé do início até a Primeira Leitura. Durante o cântico do Glória, pode-se ficar sentado, ou também em pé. Na aclamação e no evangelho, ficamos em pé, porque é a Palavra de todas as palavras que vamos ouvir. É o próprio Cristo quem nos dirige a Palavra. É posição de quem se coloca em oração. Durante a pregação ou homilia, ficamos sentados (nem sempre há lugar para todos). Nas demais partes, normalmente ficamos em pé. Estar em pé já é sinal de respeito e prontidão. Por isso, posso permanecer em pé durante toda a celebração, inclusive na consagração do pão e do vinho, como também comungar em pé. Deus olha mais profundamente nosso coração, mesmo que o gesto externo seja importante. Mas de nada adiantam os gestos se eles estão vazios lá "dentro do peito".

63

Sentados: É uma posição mais cômoda, de quem está pronto para ouvir e meditar. Durante a missa, pessoas com dificuldades de se ajoelhar ou de ficar em pé podem ficar sentadas durante o tempo todo, e não há ofensa a Deus, nem aos irmãos.

Ajoelhados: Ficamos ajoelhados diante do Santíssimo Sacramento e durante a consagração na missa, quando é possível. Essa posição indica respeito, humildade, reconhecimento de que estamos diante de Deus.

Genuflexão: É o gesto de dobrar os joelhos rapidamente, em sinal de respeito a Jesus na Eucaristia. E isso se dá durante a celebração da missa ou diante do Santíssimo Sacramento. Nesse mesmo sentido, pode ser também a **Inclinação**: curvar nosso corpo moderadamente.

Pelo sinal: Antes do evangelho fazemos a insigne da cruz (o pelo-sinal) na testa, na boca e no peito, como que dizendo assim: que a Palavra que agora vou ouvir, o evangelho, esteja em minha inteligência, em minha boca para eu anunciá-lo e em meu coração para eu vivê-lo. Esse era um sinal característico dos primeiros cristãos.

Mãos postas: É juntar nossas mãos, significando interioridade, silêncio, piedade, súplica, confiança, entrega total a Deus.

Mãos levantadas: É principalmente um gesto de súplica ou de louvor.

Silêncio: Gesto também muito importante dentro da missa, e significa penetração no mistério que se está celebrando. Podemos e devemos vibrar de alegria na missa, mas os momentos de silêncio não só são importantes como também fundamentais para que haja, de fato, encontro do mistério com a pessoa.

2. CÂNTICOS

Devem levar-nos ao encontro pessoal e comunitário com o Pai, com o Filho e com o Espírito Santo. O divino deve encontrar-se com o humano e o humano deve encontrar-se com o divino. Os instrumentos devem estar adequados à suavidade para nos ajudar a rezar, e jamais devem sobrepor à voz humana. Qualquer barulho inadequado nos dispersa e incomoda. O "cantor" tem a função de ajudar a assembleia a cantar e não ser o cantor da assembleia, e ali está em função da celebração que é louvor e gratidão a Deus, sem se esquecer de que é o sacerdote o Presidente da Eucaristia e, portanto, quem tem a palavra final.

a) Cântico inicial: Deve levar-nos a penetrar na celebração do mistério que estamos iniciando, deve lembrar-nos que somos Igreja e que Deus caminha conosco e penetra em nossa história humana.

b) Cântico penitencial: Deve ser momento de celebração da misericórdia de Deus para com seu povo, e por isso jamais pode faltar o pedido de perdão, de misericórdia. Às vezes, há cânticos que não expressam nada do que estamos realizando, nem nos ajudam a reconhecer nossas faltas e pedir perdão ao Senhor.

c) Cântico do Glória ou de louvor: É momento de louvor intenso expresso no cântico, a pessoa de Cristo é louvada intensamente por ser Aquele que cumpriu a promessa do Pai e realizou seu plano de amor. É louvor de todas as criaturas ao Criador juntamente com seu Filho amado.

d) Cântico de Aclamação ao evangelho: Deve conter uma frase ou palavras do evangelho e normalmente o Aleluia. É cântico curto, por isso se diz: Aclamação! Muito menos é para se cantar um cântico a Nossa Senhora ou de Ofertório. A comunidade se prepara com o cântico para ouvir o que irá dizer o evangelho.

e) Cântico das Oferendas: Deve ressaltar o momento celebrativo que é a preparação das oferendas. Deve fazer referência clara sobre a oferta do pão e do vinho, da vida dos fiéis, da Igreja. Não cabe, portanto, nessa hora, qualquer cântico e pronto. A celebração tem sentido e lógica.

f) Cântico do Santo: É para nos lembrar que Deus é Santo, Santo, Santo. É cântico curto também. Existem alguns cânticos que não estão muito de acordo com esse momento, pois são longos e às vezes não respondem devidamente ao sentido do momento.

g) Aclamações da prece eucarística: Podem ser cantadas ou rezadas. O importante é que o povo participe nelas, pois foram feitas para isso.

h) Cântico da Comunhão: Deve trazer o pleno sentido daquilo que está sendo realizado: comungamos porque o Filho de Deus se fez comunhão a todos nós. Deve expressar a comunhão na voz, nas palavras e no jeito de ser Igreja viva, unida, presente. Invenções também não servem para esse momento. Ele deve exaltar precisamente o momento de comunhão e de unidade.

Essa pequena orientação é para ajudar a situar bem cada momento da Eucaristia. Tudo deve concorrer para que a celebração caminhe de modo tranquilo, celebrado, rezado. Existem, de fato, cânticos que são cantados em nossas liturgias e estão desconexos com o momento, tipos de letra e de melodia que não ajudam de modo nenhum a comunidade a rezar ou celebrar. O Ministério de Música exerce um serviço importante, mas precisa conhecer devidamente sua função e precisa ter orientação para isso. Não podem ser de modo nenhum ao gosto de um ou de outro os cânticos a serem executados e cantados. Se isso ocorre em sua comunidade, é preciso corrigir imediatamente.

3. COMENTARISTA ou ANIMADOR

COMENTARISTA ou ANIMADOR é o nome que se dá a quem irá ajudar na celebração, chamando a atenção principalmente dos momentos significativos dentro da celebração. É sua função ajudar a assembleia a participar ativamente. Sua estante (para apoiar seus papéis) não precisa nem deve estar sobre o altar, nem sua pessoa deve estar em destaque. O importante é que ajude a comunidade a rezar e participar na celebração. O resto é relativo. O altar não é lugar de disputa de poder nem dele devemos ter ciúme. É lugar de serviço e o maior servidor é o próprio Cristo, e todos que estão ali prestando aquele serviço estão agindo em seu nome. Na parte que lhe cabe fazer, o comentarista ou animador deve fazê-lo com muita dedicação e empenho.

4. SÍMBOLOS LITÚRGICOS

Enquanto existir o ser humano na face da terra, ele precisará de sinais. Apesar do grande desenvolvimento técnico da comunicação, os sinais estarão sempre presentes e nos comunicando o sentido das coisas. Assim acontece na Igreja e na liturgia que ela celebra. Vejamos, pois, alguns símbolos importantes e significativos usados na liturgia da missa, principalmente, pois é da Missa que estamos falando:

a) Livros do Altar: Comecemos pelos Livros do Altar, que são principalmente dois: o Missal e o Lecionário. O Lecionário é o livro que contém as leituras bíblicas, definidas para cada dia, para cada Tempo Litúrgico e para os Santos com leituras próprias, como principalmente os Apóstolos. O Lecionário é dividido em quatro livros, a saber:

Lecionário Dominical = contém as leituras próprias dos domingos, solenidades e festas.

Lecionário Semanal = contém as leituras próprias dos dias de semana.

Lecionário Santoral = contém as leituras próprias dos santos, da celebração dos sacramentos e para outras circunstâncias.

Evangeliário = contém o texto do evangelho para os domingos e solenidades.

Missal = é o livro do altar que contém as orações próprias da missa para cada celebração e para cada Tempo Litúrgico.

É muito importante usar esses instrumentos – *Lecionários e Missal* – em nossas celebrações eucarísticas. Os folhetos podem ajudar-nos a rezar bem, mas eles jamais dispensam os livros da celebração: Lecionário e Missal.

b) Igreja = É bom esclarecer: igreja e Igreja! Igreja, escrita com I maiúsculo, significa a Igreja católica, ou seja, que está presente no mundo inteiro e é sacramento do Reino de Deus; e igreja escrita com i minúsculo significa o local onde a comunidade se reúne, e pode ser a matriz, a capela onde o povo de Deus-Comunidade se reúne.

c) Presbitério = é o espaço em torno do altar, e normalmente é um pouco mais elevado do que onde estão os bancos da igreja e o espaço reservado para a assembleia.

d) Altar = é o lugar onde se atualiza a última Ceia de Jesus como sacramento de seu mistério pascal.

e) Mesa da Palavra ou Ambão = o mais correto é chamar de Mesa da Palavra, pois é o lugar de onde se proclama a Palavra de Deus. Por isso, não pode ser na mesa da Palavra que o comentarista coloca "todos os seus papéis". Deve ser reservada só para a proclamação da Palavra de Deus.

f) Estante = é a pequena mesa de onde o comentarista se dirige à assembleia. Ela não deve estar no presbitério, deve sim estar num lugar mais baixo, bem à altura do povo, salvo as circunstâncias do local (às vezes isso não é possível). Os destaques no presbitério devem ser somente o Altar e a Mesa da Palavra.

g) Credência = pequena mesa que deve ficar num lugar bem discreto, onde se colocam o cálice, vasilhas com água e vinho, hóstias que serão consagradas, toalha, bacia. Colocam-se nela os objetos litúrgicos.

h) Velas = as velas acesas sobre o altar significam a presença de Cristo ressuscitado, luz do mundo: "Eu sou a luz do mundo, quem me segue não andará nas trevas mas terá a luz da vida". Na celebração dos outros sacramentos, também tem esse mesmo sentido.

i) Sede = a cadeira própria do Presidente da celebração.

j) Sacrário = local próprio para se guardar o Santíssimo Sacramento; as partículas consagradas que sobraram da distribuição da comunhão. Há igrejas que têm a Capela do Santíssimo, onde fica o sacrário, outras não.

5. OBJETOS LITÚRGICOS

Durante a celebração da missa são usados vários objetos litúrgicos, que você, com um pouco de atenção irá perceber quais são e como são usados. Outros ficam fixos no altar durante a celebração.

a) Âmbulas = recipiente próprio para serem colocadas as hóstias pequenas que serão distribuídas para os fiéis ou para conservá-las no sacrário. Também tem outros nomes como: Cibório ou Píxide.

b) Aspersório = instrumento com o qual se asperge (joga) a água benta sobre o povo ou objetos religiosos, usado por ocasião de bênçãos ou no Rito Penitencial.

c) Bacia e Jarro = usados para o momento da purificação: lavar as mãos depois da preparação das oferendas.

d) Caldeirinha = é um pequeno recipiente que contém água benta.

e) Cálice = vaso dourado, normalmente, onde se coloca o vinho que será consagrado.

f) Candelabro = suporte majestoso de riqueza simbólica judaico-cristão que contém sete velas, lembrando a plenitude de Cristo Salvador.

g) Castiçal = suporte que serve para sustentar a vela no altar.

h) Círio Pascal = é uma vela grande que é abençoada e introduzida na igreja ou capela no sábado santo e que é acesa em cada celebração eucarística ou do batismo até o domingo de Pentecostes.

i) Corporal = pequena toalha que é estendida no altar no início da Liturgia Eucarística, na preparação das oferendas.

j) Galhetas = normalmente peças de vidro que contêm água e vinho, que serão usados na missa.

l) Hóstia ou Partícula = é o pão da celebração feito de trigo e água.

m) Incenso = é uma resina de cheiro agradável usado nas celebrações solenes e na bênção do Santíssimo.

n) Manustérgio = toalha usada pelo padre para a purificação, depois da preparação das oferendas, também chamado de lavabo.

o) Ostensório = peça dourada onde se coloca a hóstia consagrada para a adoração e bênção do Santíssimo.

p) Pala = pequena peça de pano, normalmente quadrado e firme, que é colocada sobre o cálice com vinho para evitar que caia nele alguma coisa inconveniente.

q) Paramentos = são as vestes litúrgicas que o sacerdote usa nas celebrações.

r) Patena = peça arredondada e normalmente dourada, onde se coloca a hóstia grande para a consagração do pão na missa.

s) Sanguíneo = pequena peça de pano que é usada para a purificação do cálice e da patena.

t) Turíbulo = é uma peça onde se coloca o incenso sobre brasas, usado nas incensações, na bênção do Santíssimo e nas celebrações solenes.

u) Velas = feitas de uma mistura de cera e parafina, que acesas simbolizam o Cristo, luz que brilhou nas trevas, Ele a luz do mundo.

v) Véu de âmbula = pequeno tecido que cobre a âmbula que contém as hóstias consagradas, mostrando cuidado e carinho para com o Cristo presente no pão consagrado.

6. CORES LITÚRGICAS

As cores litúrgicas são carregadas de significados e expressam cada Tempo Litúrgico ou momento celebrativo que estamos vivendo. Quem é que não gosta do colorido que se vê na televisão, ou cinema, ou o das roupas numa festa? As cores expressam bem o que estamos vivendo no momento: alegria, tristeza, esperança, paz, ternura, acolhida etc. Também na Liturgia elas dizem muito. Não é para que haja exibicionismo, é para mostrar com fé o que estamos vivendo. E, quando tudo é feito com sobriedade, enriquece e enobrece.

a) Verde = simboliza a esperança. Essa cor é usada durante o Tempo Comum na Liturgia, ou seja, quando não é nenhum Tempo Litúrgico especial como Advento, Quaresma, Natal, Páscoa. Mas quando há, dentro desse Tempo, alguma solenidade ou festa, então usa-se a cor correspondente.

b) Branca = simboliza a paz, a beleza, a pureza, a vitória, a presença, a alegria. Essa cor é usada normalmente no Tempo da Páscoa e do Natal e na memória de alguns santos e santas, quando estes não foram mártires.

c) Roxa = simboliza a penitência. Usa-se no Tempo da Quaresma e no Tempo do Advento, por serem Tempos Litúrgicos de penitência e de conversão, embora o Tempo do Advento é mais de esperança, pois nos faz refletir sobre as duas vindas de Cristo: no Natal e no fim do mundo. Também nas celebrações pelos Mortos usa-se essa cor.

d) Vermelha = simboliza o sangue ou a força do amor, o testemunho do martírio. Usa-se essa cor nas celebrações do Domingo de Ramos e na Sexta-feira da Paixão de Cristo, no Domingo de Pentecostes, na festa do Sagrado Coração de Jesus. Ainda é usada nas festas dos Apóstolos, dos Mártires e dos Evangelistas, pois todos eles foram martirizados.

e) Rosa = embora essa cor seja pouco usada, somente no Terceiro Domingo do Advento e no Quarto Domingo da Quaresma, ela simboliza alegria. E esses domingos são chamados domingos da alegria.

g) Azul = usa-se nas solenidades e festas de Nossa Senhora.

As toalhas – que em geral são brancas – do Altar, da Mesa da Palavra, da Credência, da Estante do Comentarista devem acompanhar a cor do Tempo Litúrgico ou da solenidade ou da festa.

7. VESTES LITÚRGICAS

Creio que seja oportuno vermos também algumas vestes litúrgicas, para uma compreensão maior da verdade que celebramos. Tudo tem uma longa história, mas o que importa agora é em poucas palavras sabermos, pelo menos, do que se trata.

a) Túnica = veste litúrgica normalmente branca ou de cor neutra que o celebrante (bispo, padre, diácono) usa para as celebrações. É uma veste litúrgica e portanto cabe a quem vai presidir a celebração (ou concelebrar) usá-la. Fora disso seu uso é indevido.

b) Estola = é uma veste litúrgica reservada ao ministro ordenado (bispo, padre, diácono). Os diáconos a usam de modo transversal, simbolizando o poder limitado de seu ministério. O padre e o bispo a usam de modo paralelo ao corpo, simbolizando a disponibilidade integral para o serviço do Reino. É um símbolo sacerdotal por excelência.

c) Alva = o mesmo que túnica, com feitio mais longo. Pouco usada ultimamente.

d) Cíngulo = pequeno cordão trançado que se usa para prender a alva, normalmente em torno da cintura.

e) Amito = um pano pequeno que o celebrante coloca em volta do pescoço.

f) Dalmática = uma espécie de "capa" que o diácono usa sobre a túnica e a estola.

g) Véu umeral ou Véu de ombro = é um tipo de manto que o celebrante coloca sobre os ombros na bênção ou na procissão do Santíssimo.

h) Casula = veste própria de quem preside a celebração (bispo ou padre). É uma espécie de manto, que se coloca sobre a túnica e a estola.

Existem tantos outros objetos e símbolos litúrgicos que poderiam ser citados aqui. Mas esses acima já nos dão uma compreensão bastante boa de tudo o que é usado em nossas celebrações. Veja, pois, que riqueza imensa temos em nossas mãos, riqueza simbólica, que nos ajuda a viver o mistério pascal de Cristo e todo o seu ensinamento que está no evangelho.

O mais importante e fundamental em tudo isso, não são as coisas externas que vemos. Elas podem ajudar, podem falar-nos muito sobre tudo o que estamos realizando. Mas o mais importante, o mais fundamental, é a fé cultivada lá no fundo do coração da gente. O mais importante é a gente fazer tudo com muito amor e muita dedicação, no respeito para com as coisas de Deus e para com o irmão e a irmã. Se não tivermos amor, tudo isso é um bom espetáculo mas não nos aproxima de Deus.

Compreender o mistério pascal de Cristo é compreender o tamanho (como se fosse possível medir) do amor de Deus por nós, trazido e vivido por Jesus, seu Filho querido. Por isso, a missa não é uma "celebraçãozinha". Ela é a celebração maior desse mistério eterno do amor de Deus por nós, realizado em Jesus e por Jesus.

Afinal de contas: "*Vamos à missa?*", ou ainda prefere substituí-la por qualquer outra coisa? Celebremos jubilosos, unidos a esse infinito mistério do amor de Deus por nós: o mistério pascal de Cristo!

ÍNDICE

Introdução 5

Ritos iniciais 9
Liturgia da Palavra 23
Liturgia Eucarística 39
Ritos da Comunhão 49
Ritos finais 55
Equipes: cânticos, liturgia, ornamentação 59
Significado de gestos, símbolos
   e objetos litúrgicos na Celebração Eucarística 63